GARDE A VOUS !

CODE POPULAIRE

A l'usage de quiconque tombera entre les mains des Huissiers,
Avoués et autres hommes d'affaires,

PAR

J.-M. CHARRIER.

Prix : 1 franc.

LYON,

CHEZ TOUS LES LIBRAIRES.

1845.

GARDE A VOUS !

GARDE A VOUS!

CODE POPULAIRE

A l'usage de quiconque tombera entre les mains des Huissiers,
Avoués et autres hommes d'affaires,

PAR

J.-M. CHARRIER.

Experto crede Roberto. (Moi.)
De l'argent, de l'argent, encore de l'argent!
(Devise de tous les hommes d'affaires.)
La légalité nous tue....
*(Paroles naïves échappées à un
homme d'état et mises en pratique
par les exploiteurs d'illégalité.)*

LYON.

CHEZ TOUS LES LIBRAIRES.

—

1845.

PRÉFACE.

Ce livre n'est point un pamphlet, comme quelques personnes intéressées affecteront de le faire croire, mais un de ces écrits indépendants et consciencieux qui apparaissent à rares intervalles, et dont l'auteur e voue à la défense des intérêts de ..ous, malgré l'intimidation et la persécution des exploiteurs d'abus.

Nous n'avons point cherché à exploiter le scandale, *comme on a eu l'air de nous le reprocher*, mais nous avons voulu dénoncer et flétrir les actes scandaleux par lesquels certaines gens exploitent la misère publique aux dépens de la légalité. S'il y a scandale, qu'il retombe sur ceux qui l'ont provoqué par leurs actes.

Naguère on nous condamna à la suppression d'un mémoire parce qu'il avait un caractère injurieux et diffamatoire ; nous respectons la chose jugée. Aujourd'hui nous reproduisons quelques faits déjà signalés, il est vrai, mais il est essentiel qu'on ne les perde pas de vue ; d'ailleurs, nous nous renfermons dans le rôle d'historien impartial, et on ne saurait y trouver à reprendre, car les faits appartiennent à l'histoire.

Si nous citons des noms propres s'attachant à certains faits qui nous ont paru entachés d'illégalité, ce n'est point de notre part vengeance personnelle, mais acte de souveraine justice. Il importe qu'on ne puisse confondre tels hommes avec ceux qui, pénétrés de la sainteté de leurs devoirs, ne s'en écartèrent jamais, et que le public entoure de son estime.

Nous ne nous sommes point dissimulé la difficulté de notre tâche, mais nous avons réchauffé notre courage par cette pensée, que plus les abus sont enracinés, plus on a de gloire à les combattre et à les extirper.

Nous savons qu'on nous répondra avec vigueur (les meilleures choses ne sont-elles pas celles qui souffrent les plus rudes attaques?); mais nous acceptons le combat et nous sommes prêts pour la réplique, ce qui nous permettra de compléter notre œuvre, bien imparfaite sans doute, en publiant un second volume.

INTRODUCTION.

Lorsqu'un demi-siècle d'héroïque patience, de luttes courageuses, de sacrifices de toute espèce, eut anéanti le règne du despotisme, du bon plaisir et de l'arbitraire, la France, forte de sa victoire, avait bien le droit d'espérer que la justice, devenue vérité, serait désormais également et impartialement distribuée à ses enfants, sans distinction de caste ou de fortune, hors de toute influence extérieure.

Sainte et douce espérance ! avec quelle naïve joie nous t'accueillîmes, nous tous gens de bien et de cœur, qui depuis si long-temps avions soif de cette eau pure et bienfaisante qu'on nomme LA LÉGALITÉ !

Ainsi, c'en était fait ! Thémis retrouvait des temples et des prêtres dignes d'elle ; les sergents et les procureurs, enterrés dans le noir repaire de la chicane, sous le poids de leurs iniques dossiers, laissaient désormais les affaires aux mains de fonctionnaires probes et honnêtes ; plus de vexations, d'exactions, de concussions ! plus de ruine inévitable pour le citoyen qui gravissait les degrés du temple et venait au pied de l'autel demander la consécration de son droit ou la réparation d'un tort souffert ! La lèpre hideuse avait disparu avec les débris de l'ancien régime, et à la place des antiques abus s'introni- sait, au sein de la grande nation, le règne sacré de la LOI mise en harmonie avec les besoins de notre siècle de civilisation et de progrès.

Hélas! pourquoi faut-il que des nuages viennent de temps en temps assombrir un horizon si pur?

La justice! Oh! malheur à nous si nous disions qu'elle n'est pas toujours une chose sainte, entourée de la vénération des hommes; qu'elle n'a pas pour fidèles interprètes des magistrats éclairés et consciencieux! Mais au-dessous de ces magistrats s'agite et bourdonne un essaim de frelons qui, ne faisant pas de miel, doit vivre du miel de l'abeille laborieuse.

Écoutez, travailleurs de toutes classes: l'abeille, c'est vous; le miel, c'est votre argent; le frelon, c'est l'homme d'affaires que vous engraissez de vos sueurs. Il mange votre miel, c'est dans l'ordre. Au lieu de le lui porter, fermez bien votre

ruche, et vivez en paix avec les autres travailleurs vos voisins; il faudra bien alors
que le frelon travaille à son tour, s'il veut
vivre, et se mette à butiner comme vous
faites.

Que si la force des choses vous oblige à
porter de votre miel au frelon, ne lui en
donnez que juste ce que le tarif lui alloue pour ses épices, de peur qu'en lui
en donnant davantage, il ne garde tout,
car le frelon est goulu par nature, et peu
disposé à rendre gorge, par habitude.

Vous ne comprendrez peut-être pas
ceci, ô vous, lecteurs heureux, qui ne
vous égarâtes jamais dans ce dédale inex-
tricable qu'on nomme comptoir de banquier, bureau d'homme d'affaires, étude
d'avoué, ou boutique d'huissier. Alors,
que Dieu vous bénisse et vous maintienne
long-temps dans cette douce ignorance,
ô candides lecteurs!

Toutefois, comme votre confiante sécurité pourrait être surprise et troublée par un orage que vous n'auriez pas vu se former et qui fondrait inopinément sur votre tête, veillez et priez, comme dit le Seigneur, car le timide agneau et la brebis innocente ne sauraient se flatter d'échapper éternellement à la dent du loup-cervier ou à la serre du vautour.

C'est donc pour vous tenir éveillés et vous prémunir contre les piéges tendus à votre inexpérience, que je vous adjure d'écouter mon histoire et de mettre à profit mes conseils, car les piéges dont on vous entourera sont si habilement combinés, dressés, entrelacés et traîtreusement cachés sous les fleurs passablement somnifères de la rhétorique de bazoche, que vous courriez grand risque d'y laisser votre peau, ou tout au moins votre meilleure et votre plus belle laine.

Et ne demandez pas qui m'a payé pour vous donner des conseils. Je ne reçus rien de personne, mais j'ai tant payé, tant payé, qu'il doit bien être permis à ma douloureuse expérience de vous donner quelques avertissements dans votre propre intérêt. S'ils sont bons, avez-vous donc besoin de vous informer qui les donne et pourquoi on les donne? Faites-en votre profit, c'est toute la reconnaissance que j'attends de vous.

J'entends déjà les peureux et les optimistes murmurer à mes oreilles que j'entreprends la lutte du pot de terre contre le pot de fer. Oh! je sais bien qu'entre les vautours qui acèrent leur bec de fer en planant sur ma tête, et moi, pauvre roitelet, qui n'ai d'autre arme pour me défendre que mon courage et la conscience de mon droit, la partie doit sembler inégale; mais que mes adversaires ne se flat-

tent pas, toutefois, d'une trop facile victoire! Athlète infatigable, j'attends dans
la lice,

Le casque en tête et la lance en arrêt,

et si mes déloyaux persécuteurs me fai-
saient trop attendre le signal, je le don-
nerais, moi, en leur jetant à la face, avec
mon gant, cette devise, mon unique loi
et leur éternel cauchemar :

DIEU ET MON DROIT.

Et puis, est-ce donc pour moi seul que
je combats? A Dieu ne plaise! S'il ne
s'agissait que d'un intérêt personnel, je
ne viendrais pas entretenir le public de
ma douleur, et depuis long-temps j'aurais
dévoré en silence les injustices dont on
m'abreuva; mais en poursuivant les abus
et l'arbitraire mis à la place du droit, je
me fais le champion du faible et de l'op-

primé contre le puissant qui abuse de sa force pour opprimer. Cette pensée consolante soutient mon courage et décuple mes forces. Mes adversaires ont trop présumé de ma longanimité, s'ils ont pensé que désormais je me condamnerais au silence et à l'inaction. Eh quoi! vous emplissez à grands flots la coupe d'amertume et vous ne voulez pas qu'elle déborde? vous sucez mon sang par mille plaies béantes et vous ne voulez pas que je crie? Oh! je parlerai, Messieurs, et je mettrai si bien à nu vos turpitudes que tout le monde lira sur votre front comme dans un livre ouvert. Je sais bien que les corbeaux croasseront; mais quand la voix de la justice et de l'honneur se fait entendre, ses vibrations généreuses dominent l'orage.

Écoutez donc, scribes et pharisiens; la raison publique va être juge entre vous et moi.

HUISSIERS.

Les actes. — La personne.

Aux huissiers revient de droit la première et la plus importante place dans notre écrit : à tous seigneurs tous honneurs.

C'est d'ailleurs avec ces messieurs que nous éprouvâmes les plus fréquentes et les plus vives contestations ; c'est surtout contre les exigences de certains d'entre eux que nous avons à prémunir le public.

Jadis nous les attaquâmes avec trop de vigueur, avec une trop franche rudesse d'expressions ; nous eûmes tort, et on nous le prouva avec frais et dépens. La vérité même doit être dite avec ménagement. Nous ne sommes plus au temps où l'on pouvait s'écrier avec le malin Despréaux :

> J'appelle un chat un chat et Rollet un fripon.

Un chat, voyez-vous, a beau être un chat à vos yeux, vos yeux peuvent vous tromper et vous n'avez pas le droit de dire la chose. Dites plutôt que : Un chat n'est pas un chat et que Rollet n'est pas…, etc.

Si vous souffrez d'un abus, dénoncez, attaquez l'abus, mais respectez celui qui se cache derrière l'abus ; c'est à la justice et non à vous à lever le masque dont se couvre l'hypocrite.

Sans établir de comparaison, si un filou vous dérobe votre montre ou votre bourse, ne vous hâtez pas trop de crier au voleur, de peur que, manquant de preuves positives, vous ne soyez par lui traduit et condamné, comme diffamateur, en police correctionnelle ; mais tâchez de prendre votre *honnête homme* la main à la pâte, en présence de témoins, puis livrez-le vous-même aux tribunaux qui en feront leur affaire. Il ne vous appartient pas de juger les personnes, mais de dénoncer les faits ; si les faits sont en opposition avec la loi, ils compromettront assez leurs auteurs, et vous n'aurez que faire de vous inquiéter de la satisfaction qui vous est due. La justice veille, et elle ne saurait faillir à son devoir : si le droit est de votre côté, elle le reconnaîtra aux dépens du tort.

Laissez donc les huissiers tranquilles, mais attaquez courageusement leurs actes chaque fois que vous pourrez établir que leurs actes et leurs prétentions sont entachés d'illégalité : c'est plus que votre droit, c'est votre devoir. Malheur à vous si vous le négligez ; non-seulement vous aurez à en souffrir personnellement, mais encore vous deviendrez moralement responsables du tort souffert par autrui à cause de votre négligence et de votre lâcheté. Si chaque homme avait le courage d'attaquer le mal jusque dans sa racine, bientôt le mal n'existerait plus. Veillez donc et priez, je vous le répète, afin que vous soyez prêts quand l'ennemi viendra rôder autour de vous.

Mais, d'abord, nous devons vous faire connaître ceux parmi lesquels vous pourriez trouver un ennemi. Disons donc ce que c'est qu'un huissier ; en quoi consistent ses fonctions, où elles commencent, où elles s'arrêtent et cessent, quels sont enfin ses devoirs et ses droits envers vous, envers la société ; nous parlerons ensuite des abus contre lesquels vous avez à vous tenir en garde.

HUISSIERS. — LÉGISLATION.

L'huissier est un officier ministériel.

Il est inviolable quand il est en fonctions.

Les fonctions de l'huissier consistent à mettre en rapport les citoyens qui ne s'entendent plus entre eux, et, à la requête des uns, citer ou assigner les autres devant les tribunaux de paix ou de conciliation, les tribunaux de première instance ou de commerce, devant les cours, et généralement devant toutes les juridictions établies par la loi.

Il cite et assigne également à la requête du ministère public, c'est-à-dire des commissaires de police, des procureurs du roi et des procureurs généraux, pour tout ce qui est contravention, délit ou crime.

L'huissier fait encore des actes qu'on nomme extrà-judiciaires. Les appels, les oppositions, les significations d'arrêts, de jugements, d'actes publics contenant obligation de faire ou de payer, les sommations, les actes d'offre, les misés en demeure, les commandements de payer, les saisies de toute nature, mobilières, immobilières et autres, les contraintes personnelles, etc., etc., sont du ressort de son ministère.

Enfin, l'huissier partage avec les notaires le droit de faire des ᴘʀᴏᴛᴇ̂ᴛꜱ faute de paiement à l'échéance d'une lettre de change ou d'un billet à ordre.

Tous les actes de l'huissier sont TAXÉS par un décret du 16 février 1807, qu'on nomme *Tarif des frais et dépens en matière civile*, et par un autre décret du 18 juin 1811 qui porte le titre de *Tarif général des frais en matière criminelle et de police*.

Les dispositions du tarif sont applicables à l'avoué comme à l'huissier ; nous ferons comprendre plus loin la portée de cette observation.

Outre la mention du coût de leurs actes au répertoire, exigée par l'article 50 de la loi du 22 frimaire an vii, les huissiers sont tenus, pour faciliter la taxe des frais, non-seulement de faire cette mention au bas de l'original et de la copie de chaque acte, mais encore d'indiquer en marge de l'original le nombre de rôles des copies de pièces, et d'y marquer de même le détail de tous les articles de frais formant le coût de l'acte. (Décret du 14 juin 1813, art. 48.)

Ainsi, vous avez le droit d'exiger cette mention et de requérir la taxe, si vous doutez de l'exactitude et de la sincérité de la mention.

Nous dirons plus loin comment vous devez vous y prendre pour faire taxer avoués et huissiers.

Indépendamment du salaire accordé aux huissiers pour la rédaction de leurs actes et les copies de pièces, le tarif leur alloue des frais de voyage lorsqu'ils se transportent hors de leur résidence.

Toutefois, « *il ne leur est rien dû pour transport jusqu'à un demi-myriamètre.* » (Art. 66 du tarif civil.)

L'huissier ne peut porter sur sa note de frais (outre les déboursés) un centime do plus que le tarif ne lui alloue, ni, à plus forte raison, exiger un salaire qui n'est pas tarifé, sans se rendre coupable du crime de concussion.

Si un huissier avait l'impudeur de vous demander des sommes qui excéderaient la taxe établie par le tarif ou des salaires non alloués, votre devoir serait de refuser le paiement des frais indûment exigés, de protester en présence de témoins, et de dénoncer à M. le procureur du roi l'officier ministériel concussionnaire, qui certainement n'échapperait point à la vindicte de la loi.

L'article 42 du décret du 14 juin 1813 porte :

« Les huissiers sont tenus d'exercer « leur ministère toutes les fois qu'ils en « seront requis et sans acception de per- « sonne, sauf les prohibitions de parenté « ou d'alliance portées par les articles 4

« et 66 du Code de procédure civile.

« L'article 85 de notre décret du 18 juin
« 1811 sera exécuté à l'égard de tout huis-
« sier qui, sans cause valable, refuserait
« d'instrumenter à la requête d'un parti-
« culier. »

L'article 66 du Code de procédure civile, qui est le plus étendu, porte :

« L'huissier ne pourra instrumenter
« pour ses parents et alliés et ceux de sa
« femme, en ligne directe, à l'infini, ni
« pour ses parents et alliés collatéraux,
« jusqu'au degré de cousin issu de ger-
« main, inclusivement, le tout à peine de
« nullité. »

Si donc un huissier vous refuse son ministère, hors le cas de parenté prévu par
l'article ci-dessus transcrit, prenez son
refus par écrit ou en présence de témoins,
et portez votre plainte à M. le procureur
du roi. La peine encourue par l'huissier

sera *la destitution*, *sans préjudice de tous dommages - intérêts et des autres peines qu'il aura encore encourues.* (Art. 42, 2me alinéa, du décret du 14 juin 1813, et article 85 de celui du 18 juin 1811.)

L'huissier qui instrumente contre vous doit, ainsi qu'il est dit en son exploit, vous remettre une copie de cet exploit et des pièces y mentionnées. Il doit, à cet effet, se transporter à votre domicile, s'il ne vous rencontre en personne.

Écoutez ce que dispose l'article 45 du décret précité de 1813 :

« Tout huissier qui ne remettra pas
« lui - même à personne ou à domicile
« l'exploit ou les copies de pièces qu'il
« aura été chargé de signifier, sera con-
« damné, par voie de police correction-
« nelle, à une suspension de trois mois,
« à une amende qui ne pourra être moin-
« dre de deux cents francs, ni excéder

« deux mille francs, et aux dommages-in-
« térêts des parties. — Si, néanmoins, il
« résulte de l'instruction qu'il a agi frau-
« duleusement, il sera poursuivi crimi-
« nellement et puni d'après l'article 146
« du Code pénal. »

C'est-à-dire : DES TRAVAUX FORCÉS A
PERPÉTUITÉ.

Si donc un individu à vous inconnu se
présente à votre domicile, porteur d'un
exploit d'huissier, demandez-lui sa commission et exigez qu'il vous la produise.
S'il ne le fait ou s'il ne justifie de sa per-
sonnalité, si l'individu se trouve simplement le commissionnaire ou le clerc de
l'huissier, retenez-le jusqu'à ce que vous
ayez des témoins qui puissent reconnaître
et constater la fraude ; puis dénoncez
l'huissier au procureur du roi, qui le tra-
duira en police correctionnelle, sauf à
vous à intervenir civilement pour obtenir

les dommages-intérêts dont parle l'article précité.

Quand la loi exige des officiers ministériels des garanties aussi absolues, quand elle les soumet à une discipline aussi sévère, quand elle prononce contre eux des peines aussi terribles, c'est qu'elle a compris que tout cela était nécessaire pour la sécurité des citoyens et la bonne administration de la justice ; ne vous croyez donc pas plus sages que la loi et ne rougissez jamais de demander son application contre qui que ce soit, ou vous seriez indignes que la loi vous protége.

EFFETS DE COMMERCE.

Arrivons maintenant aux effets de commerce, à leur présentation par le porteur d'ordre ou par l'huissier, au protêt faute de payement, et signalons les abus que naguère nous essayâmes de flétrir ; mais surtout, dans l'intérêt de nos concitoyens, indiquons la marche à suivre pour se soustraire à un droit arbitraire que veulent s'arroger les huissiers, quoiqu'il ne soit écrit nulle part, ni dans la loi, ni dans les commentaires de la loi, ni dans les arrêts de la jurisprudence. Il ne nous sera pas difficile de suivre ces messieurs sur le terrain où ils se retranchent et de les en débusquer une bonne fois pour toutes. Nos moyens seront puisés uniquement dans la loi, dans la justice et dans la raison ; nous n'aurons donc pas grand'-peine à triompher de l'arbitraire et de la cupidité s'appuyant sur un sot usage et sur une tolérance plus sotte encore.

Les effets de commerce sont payables au domicile du souscripteur ou du tiré, ou au domicile indiqué.

Le porteur d'une lettre de change ou d'un billet à ordre doit en exiger le payement le jour de son échéance, (Code de commerce, art. 161 et 187.)

Le refus de payement doit être constaté, le lendemain du jour de l'échéance, par un acte que l'on nomme protêt faute de paiement. (Code de commerce, art. 162.)

Quelles conséquences doit-on tirer de ces dispositions?

Je souscris un effet de commerce payable à une époque déterminée. Le porteur de mon billet me le présente à mon domicile le jour de l'échéance. Si mes fonds sont prêts, je le paie; rien de mieux; mais s'ils ne le sont pas, j'ai le droit de renvoyer le porteur jusqu'à la fin du jour; car, lorsque j'ai dit: *Je paierai tel jour,* ce jour tout entier m'appartient, on ne saurait m'en soustraire une seule minute sans me priver de mon droit. Or, qu'entend-on par un jour? L'espace de temps qui s'écoule de minuit à minuit du lendemain, la révolution de vingt-quatre heures qui marque la révolution des jours. Il est évident, dès lors, que je suis dans mon terme légal jusqu'au moment précis où l'aiguille de l'horloge marque minuit ou le commencement du lendemain du jour de l'échéance.

Ce n'est donc que de ce moment qu'on est en droit de dire qu'il y a refus ou défaut de paiement. Ceci est incontestable et n'a effectivement jamais été contesté. La loi n'a fait que consacrer ce principe lorsqu'elle a voulu qu'on protestât le *lendemain seulement* du jour de l'échéance.

Alors seulement l'effet est valablement et légalement présenté ; alors seulement, si je ne fais les fonds, on a le droit de prendre acte de mon refus ou de mon impuissance et de les faire constater par un protêt. Jusque là, on n'a que faire de l'huissier ni de ses recors, ce n'est qu'après le refus qu'il est permis de leur livrer le débiteur ; car si, au lieu de refuser le payement, je compte les deniers, le porteur d'ordre doit les accepter, me rendre mon effet et se retirer sans élever *aucune autre espèce de prétention.*

PROTÊT.

Faute de paiement, le porteur d'ordre doit remettre son titre à l'huissier. Celui-ci vient alors demander lui-même le paiement, et, si sa demande n'est satisfaite, il proteste.

Voici ce que dit la loi à l'égard du protêt :

Code de Commerce, article 173.

« Les protêts, faute d'acceptation ou
« de paiement d'une lettre de change,
« sont faits par deux notaires ou par un

« notaire et deux témoins, ou par un huis-
« sier et deux témoins. — Le protêt doit
« être fait : — au domicile de celui sur qui
« la lettre de change était payable, ou à
« son dernier domicile connu ; — au do-
« micile du tiers qui a accepté par inter-
« vention ; — le tout par un seul et même
« acte. — En cas de fausse indication de
« domicile , le protêt est précédé d'un
« acte de perquisition. »

Article 174.

« L'acte de protêt contient : — la trans-
« cription littérale de la lettre de change,
« de l'acceptation, des endossements et des
« recommandations qui y sont indiquées ;
« — la sommation de payer le montant
« de la lettre de change. — Il énonce : — la
« présence ou l'absence de celui qui doit
« payer ; — les motifs du refus de payer
« et l'impuissance ou le refus de signer. »

L'article 187 du même Code rend applicables aux billets à ordre les dispositions relatives aux lettres de change, en ce qui concerne le protêt, etc.

Remarquez que pour le protêt comme pour les autres actes l'huissier doit être porteur de sa commission, que vous avez le droit de la lui faire exhiber et de vous assurer que c'est bien l'officier ministériel qui instrumente en personne.

Aux termes de l'article 173 ci-dessus cité, l'huissier ne doit pas apporter son protêt tout rédigé d'avance ; il doit le rédiger à l'instant, chez vous, en votre présence, après votre refus de paiement, et en la continuelle assistance de deux témoins qu'il a dû amener à cet effet. Son protêt doit contenir votre dire que vous êtes libre de signer. Enfin, copie entière de l'acte doit vous être laissée. Jusque là vous ne devez rien à l'huissier, ni pour course, ni pour commencement de frais, ni sous autre prétexte, de quelque nom qu'on le colore.

Que si, à la présentation de l'huissier, votre argent est prêt, donnez-le-lui en échange de votre effet acquitté, et qu'il s'en aille. Il n'a dû ni pu faire encore aucuns frais ni commencement de frais; vous ne lui devez pas un rouge denier. S'il a couru, que ceux qui l'ont mis en course le paient.

Ce que nous disons de l'huissier doit également s'entendre du notaire quand il fait des actes de protêt.

Voilà le droit, voilà ce qui devrait arriver toujours. Pourquoi le contraire arrive-t-il quelquefois ? Nous l'ignorons; mais ce que nous savons fort bien, c'est que tout bon citoyen devrait protester avec énergie pour faire cesser de scandaleux abus.

C'EST DE L'HISTOIRE.

Ici commence notre Odyssée. Méditez-la avec d'autant plus de soin, lecteurs, que l'histoire sera accompagnée de réflexions morales et légales dont vous pourrez fort bien faire votre profit, si, comme il est dit dans notre titre, vous avez le malheur de tomber entre les mains des huissiers et autres faiseurs de pauvres.

Et à propos de ces mots : *malheur*, *faiseurs de pauvres*, n'allez pas croire qu'ils soient une injure lancée à l'adresse

5..

de ces messieurs. Non, c'est tout bonnement une appréciation extrêmement juste
de leur position d'état vis-à-vis de ceux
qui se trouvent sous le poids de leurs actes.
En effet, tomber entre les mains d'un huissier, être instrumenté par un huissier,
saisi par un huissier, traîné en prison par
un huissier, cela est toujours un malheur,
quelle qu'en soit la cause, et l'huissier
fût-il, du reste, le plus honnête homme
de la terre. Il est évident aussi que les
fonctions des huissiers les appellent toujours, bon gré, mal gré, à être des faiseurs
de pauvres. On les enrichit souvent, c'est
vrai, mais ils n'ont jamais enrichi personne. Demandez plutôt aux pauvres plaideurs qui, après un procès imperdable,
leur disait-on, en sont réduits à pleurer
sur les tristes débris de leur fortune et de
leur crédit perdus.

Ainsi donc, les huissiers, comme tant

d'autres, peuvent être comparés aux frelons, sans que ces messieurs aient le droit de s'en fâcher. Le dire, ce n'est point leur imputer un crime ni porter atteinte à leur considération. Si cette dernière souffre quelquefois, c'est de leurs actes, et non de vaines paroles.

Si dans le cours de cet écrit nous nous permettons d'adresser aux huissiers quelques reproches, nous le ferons avec toute la modération qu'on peut attendre d'une polémique réfléchie et loyale. D'ailleurs, nous parlerons toujours titres en main ou nous appuyant sur la loi. Ce n'est point diffamer des hommes publics que d'examiner et de critiquer leurs actes, que les lois ont soumis à la discussion publique.

Maintenant que le feu de la colère est passé,

La raison désormais doit être notre guide.

Ceci expliqué, arrivons aux faits qu'il nous importe de signaler.

N° 1.

Approchez, Mons Jacquet, la perle des huissiers, et n'ayez crainte que je vous injurie. Ne voyez-vous pas que je me suis fait doux comme un mouton? Venez, çà! que je vous dise votre fait, et si je m'écarte de la vérité historique, reprenez-moi.

L'huissier Jacquet vient chez M. Charrier recevoir le montant d'une traite. Charrier, absent, rentre bientôt, vole chez l'officier ministériel, et lui offre, avec sa somme, une pièce de trente sous. Trente sous, c'est peu, sans doute, pour un huissier qui a l'habitude de gagner gros ; mais c'est beaucoup pour celui qui paie, surtout quand il ne doit rien.

— Le protêt est fait, répond Jacquet en repoussant la petite pièce, car il en convoite une grosse ; il me faut cinq francs.

— Vous n'aurez rien, réplique Charrier en remettant la pièce dans sa poche.

A moins d'avoir, par prévoyance, rédigé le protêt avant de se présenter au domicile de Charrier, à moins d'une machine à vapeur pour la fabrication de cette sorte d'acte, ce qui pourrait bien être, il était moralement impossible que Jacquet eût eu le temps nécessaire pour accomplir semblable besogne. Et, en effet, le protêt n'existait encore que dans sa tête, à l'état de projet. Aussi Charrier ne se laisse pas leurrer par l'habile praticien ; il refuse de payer le protêt, que d'ailleurs on ne lui remettait pas, et pour cause; il va chercher deux témoins, renouvelle devant eux ses offres et ses protestations, puis il dénonce le fabricant de protêts à M. le procureur du roi. Cette démarche n'eut pas les suites qu'on en pouvait espérer, nous dirons pourquoi; une ordonnance de non-lieu renvoya Jacquet des fins de la plainte. Mais aujourd'hui Jacquet, mieux avisé sans doute, ne demande plus de courses à Charrier, et de cette polémique il ne reste plus rien que notre profonde admiration pour l'ingénieux procédé des protêts à vapeur.

N° 2.

Voici venir l'huissier Chavet, et de deux, attention!

Chavet, Jacquet, Jacquet, Chavet, c'est à peu près comme qui dirait :

...... Pradon et Bonnecorse ,
Grands écrivains de même force.

Si Chavet n'a pas inventé les protêts à vapeur, ce n'est pas moins un' habile homme, et, quoiqu'il n'en ait pas l'air, il possède un précieux moyen de locomotion vélocipède, comme vous allez voir.

Chavet va recevoir un effet chez Charrier.

— Je voudrais bien protester, se dit-il à part lui ; mais, ô déception ! Charrier offre les deniers. Que faire ? C'est ici le cas d'admirer la puissance locomotive dont je vous parlais tout à l'heure. Pendant que Charrier compte les espèces, crac ! éclipsé l'huissier ! Pas plus d'huissier que sur la main ! Il s'est évanoui comme un songe, il a disparu comme une ombre légère. Charrier cherche sous la cheminée, partout…. Rien ! Mais en plongeant ses regards dans la rue, il voit le nouvel Automédon qui file, file, et bientôt disparaît, *suspenso pede*, comme un cheval de course en partie réglée. Seulement Chavet n'avait rien réglé du tout.

Charrier, voyant son homme lui échapper, se précipite sur ses traces, son ar-

gent dans la poche, l'atteint, et lui posant
la main sur l'épaule :

— Ah ! gaillard, lui dit-il, vous vous
dissimulez !

Quand je dis gaillard, le mot fut peut-
être un peu plus décolleté ; mais oublions
le passé. D'ailleurs, Charrier proteste aujourd'hui qu'il n'eut jamais l'intention de
dire autre chose que gaillard.

Chavet une fois pincé, Charrier le
mène, petit à petit, jusque chez un mar-
chand de vin où, grâce à l'intervention
de quelques témoins, l'huissier juge pru-
dent de prendre les espèces et de rendre
la traite acquittée.

Quelques malins ont bien voulu dire
que cette fuite précipitée de l'huissier
vélocipède avait pour but d'aller fabri-
quer, non à la vapeur, un protêt faute
de paiement ; mais moi je crois que Chavet
s'en allait tout bonnement parce qu'il ne

s'amusait pas en la compagnie de Charrier, ou que quelque affaire pressante l'appelait ailleurs.

Cette aventure nous fournit l'occasion de constater, au profit de Charrier, un résultat identique à celui obtenu de Jacquet, à savoir que Chavet, à l'exemple de son honorable ami Jacquet, s'abstient d'exiger le droit de course quand il va recevoir chez Charrier.

N° 3.

Que dirai-je de l'huissier Thimonnier?
S'il court moins que son confrère le n° 2,
ce n'est pas moins un habile timonnier,
dirigeant d'une main sûre et toujours
heureuse le timon de sa barque au mi-
lieu des écueils semés sur la route de la
fortune. Cependant ses manœuvres ne
sont pas toujours si bien étudiées qu'on
n'en saisisse parfois les mouvements un
peu désordonnés.

Il ne court pas, lui, il fait courir —

d'Anne à Caïphe, — de Caïphe à Hérode, — et d'Hérode à Pilate ; seulement il ne se lave pas les mains, car il tient essentiellement à la crasse argentifère qui s'y attache.

Thimonnier se présente au domicile de Charrier avec un effet à encaisser ou plutôt à protester. Mais, voyez l'outrecuidance du débiteur ! il ne professe pas la moindre estime pour le protêt, il aime mieux payer sans frais. C'est absurde, et il n'est certes pas étonnant que les huissiers lui rendent amour pour amour.

Charrier est absent ; sa femme répond à l'aimable huissier qu'elle va le lui envoyer avec les fonds, et Thimonnier se retire en protestant tout bas qu'il va protester de ce non-refus de paiement. Mais à peine Thimonnier est-il arrivé chez lui, que la domestique du débiteur se présente les espèces en main. L'huissier reconnaît :

il n'y a qu'un franc cinquante centimes de plus que le montant de l'effet. Ce n'était pas là son compte : il lui fallait cinq francs cinquante centimes pour sa préméditation de protêt. Il refuse donc l'offre. Charrier vient bientôt lui-même, exactement avec la même somme ; nouveau refus de la part de l'officier ministériel. Charrier sort et rentre accompagné de deux témoins devant lesquels il réitère son offre. Que va faire l'huissier dépisté ? Se contenter de recevoir la somme du billet et un franc cinquante centimes pour son salaire, c'est-à-dire juste un franc cinquante centimes de plus qu'il ne lui est dû ! Point. Il enferme à clef dans son cabinet Charrier et ses témoins, prend une pose à la Frédérick Lemaître, et, d'une voix éclatante de colère, laisse tomber à plat sur les malheureux le *Quos ego* de Virgile, avec accompagnement de menaces du commissaire de police. Les prisonniers improvisés n'étaient pas hommes à s'émouvoir de la colère de l'huissier, dont les foudres sont peu redoutables ; ils attendent de pied ferme le commissaire, qui ferait un témoin de plus, mais le commissaire ne vient pas, et la comédie prenait une singulière tournure, lorsque le petit clerc a l'heureuse idée de brusquer le dénouement en style de comédie.

— Ah bath ! dit-il, comme l'illustre Bertrand dans *l'Auberge des Adrets*, tout ça c'est des bêtises ! Moi, je ne demande qu'une chose, c'est que tout le monde s'embrasse et que ça finisse !

On ne s'embrassa pas, mais tout finit là.

Thimonnier accepta le montant de l'effet, et le rendit acquitté à Charrier, qui donna le signal de la retraite, sans même réitérer l'offre de un franc cinquante centimes pour la course de l'huissier.

Depuis ce temps , Charrier paie les courses de Thimonnier avec la même monnaie qu'il emploie pour celles de Jacquet et de Chavet.

C'est ainsi que dans ce monde
Qui veut trop avoir n'a rien.

Nº 4.

J'ai l'honneur de vous présenter l'huissier Gandil, l'illustrissime huissier Gandil, rude joûteur en fait d'exploits, friand de protêts, et inventeur breveté (sans garantie du gouvernement) du commencement de frais.

C'est comme chez Nicolet, parole d'honneur ! toujours de plus fort en plus fort !

L'huissier Gandil avait vu la disposition de Charrier à refuser le prétendu droit de course.

N'est-ce que cela? se dit le rusé compère; va pour la suppression du droit de course!

Mais Gandil avait son arrière-pensée.

Plus de conscription! avait dit la Restauration en venant au pouvoir; mais vous aurez le recrutement de l'armée.

Plus de droits réunis! D'un coup de baguette ils disparaissent.... pour faire place aux contributions indirectes.

Plus de droit de course de deux francs! dit le nouveau restaurateur Gandil; vous en serez quittes désormais en payant un commencement de frais de deux francs.

Comme c'est ingénieux!

Malheureusement Charrier ne voulait de l'un pas plus que de l'autre. Jusque là, il était parfaitement dans son droit; car, si la chose est illégale, peu importe le nom qu'on lui donne. Mais Charrier ne sait pas maîtriser son indignation; le refus plus que surprenant de Gandil de recevoir le montant de l'effet le pousse à bout, et, pour rendre ce que Thimonnier lui avait prêté naguère, il enferme dans son domicile huissier et recors, et leur prodigue des épithètes un peu dures à digérer. Par cette imprudence il compromit son droit et justifia le commencement et la suite des frais.

Gandil fit un protêt en deux actes et deux époques, malgré la prescription de l'article 173 du Code de commerce, qui dit expressément que le protêt doit se faire *par un seul et même acte*, et l'affaire se dénoua devant le Tribunal de commerce, lequel condamna Charrier, qui pourtant ne s'était point refusé à payer le montant de son billet, mais seulement des frais arbitraires.

Cela prouve-t-il que la course ou le commencement de frais soient dus? Non,

mille fois non! Nous l'avons clairement
établi. Ce droit que s'arrogent les huissiers n'est pas légal, puisqu'il n'est pas
autorisé par la loi, et tout ce qui est illégal est inique. L'illégalité est proclamée
par les membres les plus distingués du
barreau de Lyon et d'ailleurs positivement
reconnue par M. le procureur du roi,
pourtant les plaintes portées par Charrier
contre les huissiers qui prennent le droit
de course sous leur bonnet... je veux dire
dans leurs poches, sont toutes restées sans
effet.

Est-ce à dire que M. le procureur du
roi se refuse à rendre la justice? Non.
C'est simplement que tout ce qui est illégal,
au fond ne constitue pas toujours un
crime ou un délit qui doive être poursuivi
par le ministère public.

N'auriez-vous donc aucun moyen d'atteindre l'huissier qui vous fait payer un droit indû?

Mon Dieu si! et il est toujours entre vos mains une arme dont vous avez le droit de vous servir: c'est l'action civile.

Nous la développerons en son lieu.

Du reste, Gandil est parfaitement convaincu de cette vérité, que le commencement de frais n'est pas dû plus que le droit de course; aussi n'en demande-t-il plus à Charrier, et, dans l'affaire que nous venons de raconter, il se serait retiré sans exiger autre chose que le montant du billet et sans protester, n'eussent été les injures du débiteur imprudent.

Donc le jugement du Tribunal de commerce ne préjuge rien sur la question; il ne saurait établir un précédent ni faire jurisprudence.

P. S. — Plusieurs personnes, sachant que nous allions publier ce livre, sont venues nous signaler d'autres faits et gestes de l'huissier Gandil. Il s'agirait, par exemple, d'un honnête commerçant dénoncé par le susdit pour insultes et escroquerie envers lui ou son clerc, et qu'à raison de ce, les agents auraient conduit par ordre, on ne dit pas de qui, de son domicile au bureau de police de la Croix-Rousse, du bureau de police à la boutique de l'huissier, de la boutique de l'huissier au parquet de M. le procureur du roi, où enfin il aurait été prouvé, à la grande vergogne de l'huissier, que le commerçant en question n'avait vu ni connu l'huissier, qu'il n'avait pu l'insulter ni l'escroquer ; sur quoi Gandil, qui trouve réponse et *arme* à tout, lui aurait fredonné pour toute réparation :

Serviteur ! je suis le vôtre ;
Je vous aurai pris pour un autre.

Il s'agirait encore d'un pauvre diable dont le mobilier aurait été saisi et vendu sur la place publique, à l'acquit d'une dette du roi de Prusse.... ou de son gendre, etc., etc.

Mais tous ces faits ne rentrant pas dans le cadre de notre ouvrage, nous n'en fatiguerons pas nos lecteurs ; d'autres les signaleront sans doute, soit au public, soit devant les tribunaux. Il est bien entendu que, pour notre compte, et jusqu'à nouvel ordre, nous ne voulons parler à l'huissier Gandil que de son invention, brevetée ou non brevetée, avec ou sans garantie, du COMMENCEMENT DE FRAIS.

N° 5.

Puisque nous en sommes aux frais in-
dument perçus, pourquoi ne dirions-nous
pas deux petits mots du notaire Morand?

Si généralement nous professons un
profond respect pour le corps honorable
des notaires, est-ce donc une raison pour
ne pas relever les fautes que peuvent
commettre quelques-uns de ses membres?
Les astronomes ont bien signalé des taches
dans le soleil. D'ailleurs, nous ne parlerions
pas de M. Morand, si nous n'avions des

preuves matérielles et irrécusables du fait que nous lui imputons ; et remarquez bien que nous nous bornons à signaler un fait sans le qualifier : l'opinion publique se chargera de ce soin.

Quoi! direz-vous, les notaires aussi exigent des droits de course! Eh mon Dieu! pourquoi non? Quand un morceau est friand, chacun en veut goûter, et quand les gros s'en mêlent, ils en prennent davantage : rien de plus naturel. Aussi ce n'est pas trente ni quarante sous, ni cinq francs, qu'exige le notaire Morand; il lui faut dix francs cinquante centimes. Joli denier!

M. Morand fait aussi des protêts, et il en fait beaucoup, à ce qu'il paraît, car il a des formules lithographiées. Au prix qu'il les fait payer, il n'en saurait trop faire.

Or, voici ce qui est arrivé :

Charrier souscrit un effet à l'ordre de

Blanc, payable le 20 novembre 1844. Le lendemain de l'échéance, l'effet est présenté à Charrier par M. Morand ou par un de ses clercs. Le débiteur compte les deniers; mais le notaire exige, outre le montant de l'effet, la somme de dix francs cinquante centimes. A quel titre? Vous allez voir.

Pour deux cents francs, on rend à Charrier son billet acquitté; pour dix francs cinquante centimes, on lui délivre un feuillet de papier timbré contenant quelques mots lithographiés, en tête desquels figurent, en gros caractères, les prénom, nom, qualité et résidence de M. Morand. Indépendamment de l'écriture lithographiée, il existe *dix mots écrits à la main*. Voilà sans doute la cause des dix francs perçus, car nous abandonnons les centimes pour le papier. Un franc le mot! Pesto! vous n'y allez pas de main morte, Monsieur Morand!

Dix mots, dix francs! Quel revenu pour votre plume! Si vous et vos clercs travaillez de ce train-là toute l'année, il faut convenir que les Victor Hugo, les Dumas, les Sue et tous nos grands écrivains ne sont que des malotrus à côté de vous et malgré leurs chefs-d'œuvre. A quoi sert donc le génie, maintenant? Croyez-moi, sublimes auteurs de *Notre-Dame-de-Paris*, des *Mousquetaires* et du *Juif-Errant*, tournez le dos à votre Muse, et au lieu d'enfanter péniblement dix volumes en un an, faites-vous huissiers ou notaires, fabriquez des protêts : c'est plus expéditif, et surtout plus nourrissant!

Du reste, à part ces dix mots qui ne renferment que la date et le nom des requérants, pas une syllabe qui ait rapport à Charrier, et point de signature. Ce n'est donc pas là un protêt, mais tout au plus un commencement de frais, comme dirait l'illustre Gandil, si dix mots peuvent constituer un commencement de frais. Et cependant voyez la bonhomie de Charrier! Il ne lui vient point à l'idée qu'un notaire puisse lui demander ce qui n'est pas dû; il paie les dix francs cinquante centimes: puisqu'on lui remet le protêt, il se croit obligé d'en payer les frais. Plus tard, il lui vient des doutes sur la légitimité de la demande de M. Morand; il consulte, et on se moque de lui quand il dit avoir payé dix francs cinquante centimes un morceau de papier qui, à la rigueur, ne pouvait valoir plus de trente-cinq centimes.

Il va chez M. Morand, qui maintient la perception et ne rend rien; mais le lendemain M. Morand réfléchit que Charrier pourrait bien clabauder, et il lui renvoie par un de ses clercs, non pas dix francs cinquante centimes, mais sept francs cinquante centimes. Il fallait bien trois francs pour la course.

Charrier refuse la restitution, et garde devers lui le précieux papier que nous venons de décrire. Pour peu que vous teniez à le voir, on peut vous le montrer. Du reste, le compte des frais y est exactement fait et additionné, sans erreur ni omission, et il est à remarquer que les sommes sont bien écrites à la main. En voici la reproduction fidèle :

Enregistrement de l'effet
et vacation 0   0
Visa pour timbre 0   0
Protêt . . . . 10 f. 50 c.
       Total . . . . 10 f. 50 c.
Est-ce clair, Monsieur Morand ?

P. S. — Avant de mettre sous presse , nous avons communiqué notre manuscrit à un ami que nous aimons à consulter. Cet ami a vu avec peine le nom d'un notaire mêlé à notre polémique contre les huissiers ; il a cru, dans l'intérêt et pour l'honneur d'un corps respectable, devoir prévenir M. Morand de ce qui se passait ; il l'a fait avec toutes les convenances possibles, et en a même reçu des remerciments de la part de celui qui y était intéressé.

Bien que cette démarche ait été faite à notre insu , nous ne l'avons point blâmée ; toutefois nous ne pouvions consentir à la suppression de l'article concernant M. Morand sans obtenir au moins une légère satisfaction, et légère était bien le mot , car nous nous serions contenté de sa déclaration qu'on avait eu tort de nous prendre dix francs pour un droit de course qui n'était pas dû. Cette déclaration de la part

de M. Morand avait du poids et corrobo-
rait nos raisonnements contre le droit de
course. C'est tout ce qu'il nous fallait
pour remplacer le n° 5. Eh bien ! tout
en la rejetant sans vouloir la connaître, M. Morand nous donne cette
satisfaction. Mais comme elle ne peut
que s'induire des termes de sa lettre ;
comme elle n'a pas été donnée franche-
ment et de bonne volonté, mais au contraire sans intention et avec des réticen-
ces et des injures que nous ne pouvons
admettre ; comme M. Morand nous suppose
gratuitement des intentions que nous re-
poussons avec la même indignation qui
nous a fait repousser les propositions d'une
autre personne, nous n'avons pas cru devoir supprimer le n° 5. Qu'on nous per-
mette seulement de rendre compte des
explications de M. Morand et d'y répondre

catégoriquement. Le lecteur verra ensuite de quel côté est la raison.

M. Morand dit : 1° Qu'il a été tout-à-fait étranger au grief articulé par Charrier, attendu que ce grief rentre dans ces petits détails d'étude qui échappent forcément à l'investigation d'un patron vigilant.

Un protêt n'est point un *petit détail d'étude*, mais au contraire un acte fort important, dont *un patron vigilant* doit avoir quelque souci. *M. Morand est resté étranger au grief articulé par Charrier*, nous voulons bien le croire, mais il n'aurait pas dû y rester étranger. Aux termes de la loi, le notaire doit se présenter lui-même au domicile du débiteur pour faire le protêt. Si M. Morand se fût conformé à cette règle du droit, il n'eût certainement pas commis l'imprudence qu'il rejette aujourd'hui sur son clerc.

5

2° Que le prix des courses et le coût des protêts commencés sont exclusivement le profit des clercs, et que par conséquent, dans la circonstance donnée, M. Morand *n'a pas fait de la* concussion *personnelle-ment.*

Nous sommes loin de dire que M. Morand ait fait de la concussion *personnelle-ment*, mais il reconnaît qu'il y a eu concussion, et remarquez bien que nous avons toujours répugné à prononcer ce vilain mot ; c'est M. Morand qui le dit. Mais nous répondons que s'il se gâte une pièce d'étoffe à la teinture, le maître teinturier en subit la conséquence, et ne dit pas à la pratique : Prenez-vous en à mes ouvriers. Si le teinturier est responsable du fait de ses ouvriers, le notaire ne l'est pas moins du fait de ses clercs, la chose est incontestable.

En ce qui touche les courses et protêts

commencés, ou ils sont dus, et alors ils doivent entrer dans les profits de l'étude, comme le produit des autres actes du notaire; ou c'est une extorsion, et si vous en faites la pâture de vos clercs, vous leur donnerez goût à la besogne, et bientôt l'étude du notaire deviendra une forêt de Bondy. Un négociant peut intéresser son commis, un notaire doit appointer son clerc. Il serait immoral et dangereux surtout de le laisser jouer avec la fausse monnaie, je veux dire avec des gains illicites.

Enfin M. Morand ajoute que dès qu'il eut connaissance qu'on avait surtaxé Charrier, il exigea énergiquement de l'étude qu'il lui fût fait raison, ce qui eut lieu.

M. Morand sut le fait par Charrier lui-même, et, comme Charrier s'expliquait un peu vivement, il fut mis à la porte. Il est vrai qu'un clerc se présenta bientôt chez lui pour lui rembourser sept francs ; mais il est vrai aussi que Charrier refusa la somme et que le clerc fut obligé de la laisser sur un meuble. Ce n'est que long-temps après son départ que Mme Charrier trouva l'argent.

Lorsqu'en présence de ces faits racontés avec une scrupuleuse exactitude, après ces franches et loyales explications, M. Morand viendra dire :

« Maintenant, placez-moi devant le « juge le plus sévère, le plus inexorable, « que pourra-t-il exiger au-delà de ce que « j'ai fait ? »

Nous répondrons à M. Morand que nous ne l'accusons point, que ce n'est pas nous qui sommes ni voulons être son juge, mais que nous l'appelons à la barre de la justice et du bon sens publics.

PLAINTES. — MÉMOIRE.

Quatre procès en diffamation intentés à la fois par Jacquet, Chavet, Thimonnier et la Chambre des Huissiers intervenant.

JUGEMENT.

Comme nous l'avons dit, Charrier, fatigué des prétentions illégales des huissiers, avait porté plainte en concussion à M. le procureur du roi contre Jacquet et autres.

L'affaire était en instance, et, avant qu'une décision intervint, Charrier, pour expliquer et justifier sa plainte, publiait un mémoire.

Les huissiers, vivement émus à l'apparition de cet écrit, qui les traitait assez vertement, résolurent de poursuivre l'auteur en diffamation.

Mais il fallait, avant tout, effrayer Charrier et lui faire supporter le plus de frais possible.

A cet effet, Jacquet, le premier et le plus vivement attaqué, commence la campagne par une requête du 2 août 1844 et une assignation du 4. Thimonnier vient en seconde ligne, mais par actes séparés, quoique du même jour. Le vélocipède Chavet les suit à la piste, toujours *suspenso pede*, et arrive aussi avec sa demande séparée; et de trois.

Enfin, comme si ce n'était pas assez, la chambre de discipline des huissiers, au nom de toute la corporation qui n'était pas le moins du monde injuriée dans le mémoire, se met aussi de la partie, et intente à Charrier un quatrième procès.

Que va devenir le malheureux sous ces quatre terribles accusations qui le menacent à la fois? Dommages-intérêts pour chacun des huissiers demandeurs, dommages-intérêts pour la corporation des huissiers, affiches, insertions, frais de quatre procès!

Sa fortune suffira-t-elle pour solder le mémoire?

Jacquet s'estime quinze cents francs;

Thimonnier, *idem*;

Chavet, *idem*;

La corporation, je ne sais plus combien, une somme énorme.

Sans compter la contrainte par corps, l'affiche du jugement à un grand nombre d'exemplaires.

Et puis il y a les frais de Jacquet, les frais de Thimonnier, les frais de Chavet,

les frais de la chambre des huissiers...
Un déluge universel, quoi !

Mais le Tribunal ne juge pas le péché si grand. Après avoir joint les instances, il rejette l'intervention de la chambre des huissiers, et la condamne aux dépens de cette intervention. En ce qui touche les dommages-intérêts réclamés par les trois huissiers demandeurs pour tort fait à leur considération, accorde à Jacquet, rien ; à Thimonnier, rien ; à Chavet, la même somme. Ne condamne pas Charrier à la plus légère affiche du jugement, mais seulement à la suppression du mémoire et aux dépens pour tous dommages-intérêts.

Ainsi finit ce grand combat : beaucoup de bruit pour rien, comme dit Shakspeare. Nos huissiers, après l'issue mesquine d'un procès qu'ils avaient fait sonner si haut, ne ressembleront-ils pas à la montagne en mal d'enfant? et ce qu'ils ont obtenu de leurs demandes ampoulées, n'est-ce pas vraiment le *ridiculus mus*?

UN HUISSIER

De la grande banlieue.

C'est à peu près à l'époque de ce mémorable procès, si plein d'intérêt pour Charrier et pour ses adversaires, que le journal hebdomadaire *la Justice* s'empara de la question du droit de course, ou plutôt ouvrit ses colonnes aux élucubrations plus ou moins saugrenues de MM. les huissiers. Ce fut une série complète, un feu roulant d'articles tous plus forts les uns que les autres, se croisant de Lyon à

Paris et de Paris à Lyon, toujours dans le même journal *la Justice*, mais que dans tous les cas les auteurs se gardaient bien de signer, et c'est en quoi ils montrèrent le plus de sens.

, L'une de ces tartines nous tombe sous la main, et c'est vraiment une pièce trop curieuse pour que nous ne la servions pas à nos lecteurs, accompagnée de quelques commentaires indispensables.

La question du refus de paiement du droit de course et des protêts commencés était chose grave pour les officiers ministériels. On ne se laisse pas, de sang-froid et de gaîté de cœur, enlever la plus belle plume de son aile, et quelle plume! A Lyon, une des villes les plus commerçantes du monde, le protêt fleurit et produit. Un imprimeur-lithographe nous a assuré qu'un *seul huissier*, retenez bien ceci, faisait imprimer chez lui DIX MILLE formules de

protêts par an. C'est là une précieuse révélation, et vous allez voir où elle peut
nous conduire. Laissons parler les chiffres.

Dix mille formules servent à faire cinq
mille protêts, en comptant un exemplaire
pour l'original, un autre pour la copie.
Si l'on établit, comme la chose est facile,
que de ces cinq mille protêts deux mille
à peine vont à l'enregistrement, il en résulte que trois mille restent imparfaits.
Or, vous savez qu'un protêt imparfait se
paie cinq et dix francs. Prenons pour base
le taux le moins élevé, car nous ne voulons
pas qu'on nous accuse d'exagération, et
disons que trois mille multipliés par cinq
francs nous donnent déjà un joli petit revenu de. . . . . 15,000 fr.

Les protêts prémédités et
qui produisent deux francs
de droit de course, quoiqu'ils
ne coûtent pas un centime,

Report. 15,000 f.

peuvent, sans crainte d'exagération non plus, être portés au même nombre de trois mille, ce qui donne un autre joli petit revenu de 6,000

Total . . . . . . 21,000 f.

D'où nous voulons distraire mille francs de papier (vous voyez que nous sommes généreux). 1,000

Reste . . . . 20,000 fr.

On peut donc, à ce jeu, gagner une vingtaine de mille francs par an. Savez-vous que c'est le revenu d'un magnifique domaine, et qui ne coûte rien, ni d'achat, ni d'entretien, ni de contributions?

Supposez qu'à Lyon tous les officiers ministériels ensemble, notaires et huissiers, ne fassent que vingt fois les affaires que nous venons de voir chez un seul, en fait de protêts, ne voilà-t-il pas un imperceptible impôt de QUATRE CENT MILLE FRANCS prélevé sur le petit commerce et la classe laborieuse de notre cité?

Et puis on dira à Charrier que quarante sous sont une bagatelle, que c'est un salaire légitime, qu'on a mauvaise grâce à se refuser à cette perception lors même qu'elle devrait n'être considérée que comme une libéralité! Quatre cent mille francs par an engloutis dans la poche des huissiers et des notaires déjà si riches, quand le commerce languit, quand l'ouvrier souffre! Ils tendent la main pour vous demander quarante sous s'il vous plaît! Et vous ne voyez pas que votre aumône constitue un revenu de vingt mille francs à ces pauvres honteux! Quatre cent mille francs, une bagatelle!... De quoi donner du pain à mille familles pauvres!

Amère dérision, en vérité !

Et maintenant que vous frémissez comme nous à l'aspect de ces chiffres, dites, si vous voulez, que nos appréciations vous paraissent exagérées; nous ne pensons pas qu'elles le soient, mais Dieu le veuille ! Rabattez d'un trait la moitié de la somme, les trois quarts si vous voulez, ce qui en restera n'est-il pas encore une horrible calamité ?

Après cette courte digression, nous arrivons à la tartine moitié aigre, moitié douce, moitié sérieuse, moitié plaisante du soi-disant huissier de la grande banlieue de Paris, lequel pourrait bien être un des malins de la rue de la Plume, nous avons plus d'une raison de le soupçonner.

Voici la pièce :

PROTÊT. — DROIT DE COURSE.

« Malgré la promesse de notre HONO-
« RABLE confrère... »

Les députés s'appellent entre eux honorable collègue, honorable préopinant : les
huissiers peuvent bien aussi s'appeler honorables, ce n'est pas nous qui nous y
opposerons ; mais

> Rien n'est plus commun que le nom,
> Rien n'est plus rare que la chose,

depuis que Robert Macaire appelle Bertrand
son *honorable ami*. D'ailleurs, entre huissiers qui savent s'estimer, ne faut-il pas
se faire mousser un peu? Ce n'est pas si
souvent qu'on en a l'occasion, et le public
est devenu si ingrat, si peu appréciateur
du vrai mérite! — Je reprends.

« Malgré la promesse de notre *hono-*

« *rable confrère* de l'arrondissement de
« Lyon d'envisager la question sous ses
« différents points de vue, nous pensons
« qu'il en a omis d'essentiels, et que la
« lecture de son article ne donne pas une
« CONVICTION ROBUSTE de la *légalité* du
« droit de deux francs perçu à Paris, à
« Lyon et ailleurs, lors de la présentation
« de l'huissier porteur d'un effet non payé
« à l'échéance. »

Nous convenons que les articles de l'honorable de l'arrondissement de Lyon ne nous donnèrent pas une *conviction robuste* de la légalité du droit de course. Il faudrait avoir une foi plus que robuste pour obtenir cette conviction exorbitante que MM. les huissiers attendent de la gent exploitable. Voyons si l'éloquence de l'honorable de la grande banlieue aura plus de bonheur.

« La légalité n'insiste pas;.... »

Nous pensons que l'honorable a voulu dire : n'existe pas.

« La légalité n'existe pas, parce qu'il
« n'y a de légal que ce qui est fait en
« vertu ou ce qui ressort de la loi ; or, il
« ne résulte ni implicitement ni expli-
« citement d'aucun droit écrit qu'un ho-
« noraire ou un salaire , comme l'on
« voudra... »

Vous préféreriez *honoraire*, Monsieur l'honorable , mais vous voudrez bien vous contenter d'un *salaire* , j'entends quand il vous sera dû ; mais pour droit de course, jamais !

« ... soit alloué à l'officier public pour
« raison d'un protêt manqué, puisque le
« tarif s'abstient même à l'égard du pro-
« têt parfait. »

Ici l'honorable aurait dû ajouter : Donc le droit de course n'est pas dû , et s'arrê- ter là ; son article eût été comme peu de protêts, c'est-à-dire parfait, et on ne saurait rien dire de plus rationnel et de plus concluant pour établir l'illégalité du droit de course. Mais ce ne serait pas la peine de se mettre en verve pour si peu; la muse des huissiers est plus féconde et ne s'arrête pas en si beau chemin.

« Quant à la légitimité... »

Où diable va-t-on fourrer la légitimité, je vous le demande?

« ... nous allons voir. »

Vous allez voir, vous allez voir... que vous n'allez rien voir. En effet, après ces mots expressifs : « Nous allons voir », je m'attendais à quelque puissant raisonnement pour prouver, comme deux et deux font quatre, que la légitimité, chassée du trône, s'était réfugiée dans la boutique des huissiers; mais j'ai beau m'écarquiller les yeux pour voir ce que je cherche, rien! Pour toute raison, l'honorable se borne à transcrire les articles 161 et 162 du Code de commerce, que vous connaissez déjà, et que nous ne répéterons pas ; ils sont, du reste, parfaitement étrangers à la question qui nous occupe, c'est-à-dire au droit de course.

« Il est clair que le porteur, c'est-à-dire
« l'ayant-ordre, est obligé de se présenter
« au domicile le jour de l'échéance pour
« recevoir son paiement, et que ce n'est
« que le lendemain ou le surlendemain,
« selon les cas, qu'il peut se présenter
« chez l'officier ministériel, lorsque ce
« paiement lui a été refusé. Il ne peut
« pas y avoir le plus petit mot de contes-
« tation à cet égard. »

Aussi, n'est-ce pas nous qui contesterons tant que vous abonderez dans notre sens ; il est clair, très-clair que de tout ce que vous dites là il n'y a pas un mot qui justifie le droit de course.

« Eh bien! lorsque ce porteur se pré-
« sente chez cet officier ministériel, qu'a
« à faire ce dernier? rien autre chose
« qu'un protêt; il se munit de témoins,
« de papier timbré et de l'effet, et va au
« domicile dans le seul but de faire son
« acte. »

Parbleu! nous savons très-bien que l'huissier porteur d'un billet a pour seul but, pour unique pensée, un bon protêt; mais la loi ne parle jamais, remarquez bien, que du protêt faute de paiement, elle n'a rien dit du protêt à cause de paiement, et si l'honorable de la grande banlieue l'a inventé, qu'il se fasse breveter.

L'huissier aura beau marcher avec ses témoins dans sa poche, accompagné de son papier timbré et du billet, je vous dis que si le débiteur paie, l'huissier ne doit pas faire de protêt et ne doit se permettre rien autre chose que la remise au débiteur de l'effet acquitté.

« Mais voilà que le débiteur lui présente « des écus et lui dit : Cette somme est le « montant de l'effet que j'ai refusé de « payer hier; prenez-la, je vous prie, ren- « dez-moi l'effet, et soyez assez bon pour « vous retirer. Je me passerai fort bien « d'un protêt aujourd'hui. »

Quand le débiteur a son argent, il l'offre à l'huissier, qui doit le prendre sans diffi- culté et se retirer sans faire de frais, sans rien réclamer pour lui. Seulement le dé- biteur n'est pas rigoureusement astreint à la formule polie donnée ci-dessus par l'honorable Parisien de la banlieue, et nous convenons qu'il en fait rarement usage. Il use de son droit et ne doit rien de plus que ce qui est exigé par la loi ou par ses engagements. Nous l'avons déjà démontré.

« Il est des gens très-sensés, continue
« l'orateur, qui croient qu'il en doit être
« ainsi... »

Remarquez que monsieur dit des gens
très-sensés.

« ... et que l'officier ministériel est
« encore trop heureux d'être le valet de
« l'une et de l'autre partie ; qu'il doit
« prendre l'argent, remettre le titre et
« s'en aller comme un renard qu'une poule
« aurait pris. »

L'huissier de la banlieue est parfaitement libre d'appeler ses honorables confrères des valets, et ce n'est pas nous qui
lui chercherons querelle à ce sujet ; ceci
cependant a besoin d'explication. Tant
que le débiteur n'a pas exprimé son refus
à l'huissier en personne, si celui-ci est
valet de quelqu'un, c'est du porteur d'ordre seulement, et il est d'usage et de règle
que qui loue le valet le paie. Quand le

débiteur a dit à l'huissier : Je ne veux ou ne peux payer, dès-lors le valet disparaît pour faire place à l'officier ministériel, à qui, dans ce cas, on ne saurait refuser un salaire légitime et légal, car nous ne comprenons pas l'un sans l'autre.

Parlons un peu maintenant *du renard qu'une poule aurait pris*. En vérité, la comparaison est heureuse, et, puisque cela vous fait plaisir, nous voulons bien reconnaître avec vous, Monsieur de la banlieue, que les huissiers sont des renards et de fins renards plumant et croquant à qui mieux mieux ces bonnes bêtes de poules ; mais nous, les poules, sans doute, nous sommes las d'être plumés, et ne voulons pas nous laisser croquer, de sorte que si chacun suivait notre exemple, vous pourriez bien être, vous et vos honorables confrères, le renard dont vous parlez. D'ailleurs, il n'y a pas de loi qui dise que la

6

poule doive se laisser plumer par le renard.

La légalité n'insiste pas, comme vous dites, et je ne pense pas que la légitimité insiste davantage, puisque absolument vous voulez être légitimiste.

Monsieur de la grande banlieue s'écrie alors dans sa sainte indignation :

« Ceci, en vérité, n'a pas le sens com-
« mun ! »

Qu'est-ce qui n'a pas le sens commun? Ce que pensent des gens très-sensés? Il n'est pas à présumer que l'honorable de la rue de la Plume ait voulu dire une semblable bêtise.

Et je vous dis, moi, que ce qui n'a pas le sens commun, c'est tout ce que barbotte l'illustre défenseur des huissiers depuis tantôt dix pages.

Tout le reste de ce savant écrit est constamment de la même force, et je vous en fais grâce, lecteur, d'autant mieux que

pas un mot n'arrive au but que se propo-
saient les huissiers, à savoir : la conviction robuste que le paiement des courses
est légalement ou légitimement dû.

EXPLOITATION DU PROTÈT.

Notre intention n'est pas de mêler la Banque à cette polémique ; nous reconnaissons tout d'abord que MM. les banquiers de Lyon exercent leur profession d'une manière honorable , qu'ils ne pressurent pas le commerçant et n'exigent au contraire que ce qui est strictement juste. Aussi n'est-ce pas des banquiers que nous avons à nous plaindre ; nos relations avec eux dans notre petit négoce ont toujours été des relations agréables.

6*

Toutefois on nous a signalé un fait qui, s'il est exact, doit trouver sa place dans cet écrit.

Expliquons-nous.

La plupart des banquiers remettent leurs effets à la Banque la veille ou le matin de l'échéance.

De bonne heure un garçon de recette se présente chez le débiteur, et lui laisse, faute de paiement, une carte où il est dit que jusqu'à neuf heures du lendemain on pourra aller payer à la Banque, et passé neuf heures, chez M....., cédant de la Banque.

Le jour dit, quand le débiteur a réuni les fonds nécessaires à l'acquit de son effet, il se présente à la Banque :

—Il est trop tard, la Banque ne reçoit plus.

Il va chez le cédant :

—Il est trop tôt, on ne reçoit que de telle à telle heure.

Il retourne chez le cédant :

— Il est trop tard, l'effet est chez l'huissier.

Le débiteur arrive chez l'huissier :

— Vous venez un peu tard, dit celui-ci,
mais ne perdez pas de temps; mon clerc
est allé recevoir à votre domicile (*).

Et si le clerc est encore dans l'étude,
l'huissier s'empresse de le faire courir.

Le débiteur rentre chez lui; le clerc

(*) Ne payez jamais à un clerc d'huissier que vous
ne connaissez pas et qui n'offre d'ailleurs aucune garantie, car il pourrait arriver deux choses : ou que le
clerc fût un fripon et disparût avec votre argent, ou
que votre effet eût été égaré et vous fût présenté par
un fripon se disant dernier endosseur. Dans l'un
comme dans l'autre cas, le véritable propriétaire de
l'effet pourrait vous le faire repayer. Quand l'huissier
vient recevoir, c'est différent : vous le connaissez, et
il offre des garanties. Encore vous pouvez exiger,
pour votre sécurité, que l'huissier soit accompagné
de ses témoins ou que l'effet soit passé à son ordre et
acquitté par lui.

est venu, mais, comme les fonds n'étaient pac au domicile, il s'en est retourné. Parfois il arrive qu'on n'a pas vu chez le débiteur l'ombre du plus petit clerc.

Le débiteur ne se lasse pas de tant de courses vaines, parce qu'il veut ravoir son effet acquitté, et retourne chez l'huissier qui lui dit d'un ton brusque et insolent :

— Croyez-vous qu'on soit obligé de toujours courir après vous ? Voici votre billet, mais vous paierez la course.

Ou bien :

— Vous venez trop tard, le prôtêt est commencé ; il me faut cinq francs.

Ou bien encore :

— Le prôtêt est fait, vous êtes bien heureux qu'il ne soit pas enregistré.

Le débiteur veut s'expliquer : l'huissier lui coupe la parole et lui tourne le dos.

Et le débiteur n'aura pas son effet sans acquitter les frais demandés, et s'il réclame le protêt avec son effet, on lui répondra que ces protêts-là ne se donnent pas, et l'huissier déchirera ou fera semblant de déchirer un protêt qui peut-être n'a jamais existé, et il empochera la pièce ronde.

Voilà l'exacte vérité; voilà comment on exploite le protêt pour la plus grande gloire de Dieu et le profit des huissiers.

Mais les choses ne se passeraient pas de la sorte si tout le monde faisait son devoir et si les débiteurs d'effets voulaient enfin comprendre leurs droits.

Maintenant nous demanderons :

Est-il vrai que, par un marché que nous n'hésiterons pas à taxer d'immoral, les huissiers passent aux banquiers une remise de la moitié, du tiers de leurs courses et protêts fictifs ou réels, pour se saisir eux-mêmes de tous les effets à échéance et courir le protêt tout à leur aise?

Ce que nous venons de raconter nous porterait à le croire ; cependant nous aimons encore à en douter, car ce commerce honteux ne serait rien de moins que *la traite des blancs* introduite dans le pays le plus civilisé du monde, juste à l'époque où la civilisation concentre tous ses efforts pour abolir *la traite des noirs* dans les pays barbares ; et s'il existait, il n'est pas un honnête homme qui ne s'empressât de le flétrir.

Nous comprenons que les banquiers trouvent naturel et surtout commode de remplacer des commis ou des garçons salariés par des huissiers qui, bien loin de leur demander un salaire, les font participer à leurs bénéfices ; mais MM. les banquiers devraient considérer que ces bénéfices sont prélevés sur la misère d'une manière qui n'est pas toujours légale, et que si les choses se maintenaient dans un état pareil, cette calamité publique, cette plaie sociale qu'on nomme protêt aurait bientôt écrasé, anéanti le petit négoce, sans lequel le haut commerce ne saurait exister.

Qu'on n'induise cependant pas de nos paroles que nous condamnions le protêt comme une chose qui ne devrait plus exister. Nous reconnaissons au contraire que le protêt est chose nécessaire ; mais nous voudrions, et la loi le veut avec nous, qu'on n'en usât que comme de certains remèdes violents dont l'emploi ne saurait être approuvé que dans les cas graves et désespérés.

Nous avons signalé le vice, voici maintenant l'antidote.

Que MM. les banquiers envoient leurs garçons de recette au domicile où l'effet doit être payé, non-seulement le jour de l'échéance, mais encore le lendemain. C'est pour eux double besogne, nous n'en disconvenons pas ; mais ne faut-il pas compatir un peu aux embarras et aux misères du petit commerce, surtout quand il en coûte si peu ?

D'ailleurs, en agissant ainsi, les banquiers se conformeront aux principes du droit, aux convenances sociales et aux sentiments d'humanité qui animent les hommes de cœur. Nous sommes sûr de ne pas adresser en vain cet appel à leur justice et à leur loyauté.

Quant aux huissiers, qu'ils se conforment à leur devoir ; ils le connaissent et n'ont pas besoin que nous le leur retracions ici.

Et vous, débiteurs d'effets, pour qui nous écrivons ce livre, payez le jour de l'échéance autant qu'il vous sera possible ; mais si l'impérieuse nécessité vous met dans le cas de renvoyer au lendemain, au lieu de courir toute la matinée, attendez l'huissier chez vous, car c'est à l'huissier de courir.

Puisque votre effet est payable à votre domicile, c'est là qu'on doit en exiger le paiement. Qui que ce soit qui se présente pour cet objet, porteur d'ordre, banquier, garçon de recette, huissier, clerc d'huissier, notaire, le roi, le pape ou le diable, ne fait qu'accomplir une obligation ; vous n'avez point de course à lui payer.

Les gens peu expérimentés en cette matière se récrient à la vérité et disent qu'il n'est pas juste que l'huissier coure pour rien. Et je vous dis, moi, que c'est son devoir, une des conditions imposées à ses fonctions ; que s'il profite des bénéfices de sa charge, il est juste qu'il en supporte les petits inconvénients. D'ailleurs, quand il va chez vous, ce n'est certes pas pour vos beaux yeux, ni dans l'idée de vous rendre un service, mais dans l'espoir d'un protêt

àfaire ; s'il n'en fait pas, c'est un malheur :
il en fera deux une autre fois.

Est-il quelqu'un s'occupant d'affaires
qui ne fasse quelques courses vaines?

Et qui doit l'en dédommager, sinon les
bénéfices que lui procurera une course
plus heureuse ?

Ainsi, pour nous résumer :

Honte à ceux qui spéculent sur la misère
publique !

Honneur aux banquiers et négociants
intègres qui comprennent les transactions
commerciales, facilitent le petit commerce
en se renfermant dans les strictes limites
du droit, et se refusent à prêter les mains
à d'indignes spéculations, de quelque part
qu'elles viennent !

Honneur aussi aux commerçants qui
ne laisseront pas porter atteinte à leur
droit et à leur bourse par une lâche fai-
blesse !

La loi est pour tous ; que tous profitent de ses bénéfices, puisque tous doivent se soumettre à ses prescriptions.

7..

AGRÉÉS OU DÉFENSEURS

PRÈS LES TRIBUNAUX DE COMMERCE.

Jusqu'au commencement de ce siècle, la plupart des provinces de France étaient régies par des coutumes ou usages; c'est ce qui fit accréditer ce proverbe, que l'usage fait loi.

La civilisation a fait disparaître peu à peu de nos mœurs une foule d'usages plus ou moins ridicules, plus ou moins barbares. La législation nouvelle s'est chargée de balayer les usages judiciaires, et maintenant tout usage qui fausse la loi écrite n'est plus qu'un abus monstrueux que nous devons poursuivre à outrance.

Nous avons suffisamment démontré que l'usage des huissiers d'exiger le paiement d'une course pour la présentation des effets de commerce était illégal lorsqu'il n'y avait pas lieu à protêt, et qu'il fallait s'y soustraire sans plus tarder; il nous sera bien plus facile encore de combattre et d'anéantir un autre usage, ou plutôt un abus qui long-temps s'est glissé inaperçu, nous ne savons trop pourquoi ni comment, dans la procédure devant les tribunaux de commerce.

L'usage veut, nous dit-on, qu'il soit alloué des honoraires aux défenseurs devant les tribunaux de commerce, et la partie qui succombe doit payer les honoraires du défenseur de sa partie adverse. Les présidents des tribunaux de commerce les allouent dans la taxe de frais. L'usage le dit, c'est possible, mais la loi veut le contraire, et nous estimons que la loi est plus forte que l'usage, surtout lorsque, comme nous l'avons dit, l'usage s'est établi au mépris de la loi.

Or voici ce qu'elle dispose :

Code de procédure civile, article 414.

« La procédure devant les tribunaux de « commerce se fait sans le ministère « d'avoués. »

Code de commerce, article 627.

« Le ministère des avoués est interdit « dans les tribunaux de commerce, con-« formément à l'article 414 du Code de « procédure civile ; nul ne pourra plaider « pour une partie devant ces tribunaux , « si la partie, présente à l'audience, ne « l'autorise, ou s'il n'est muni d'un pou-

« voir spécial. Ce pouvoir, qui pourra être
« donné au bas de l'original ou de la copie
« de l'assignation, sera exhibé au greffier
« avant l'appel de la cause, et par lui visé
« sans frais. »

Ainsi, point d'avoués devant les tribunaux de commerce, mais seulement des mandataires ou procureurs fondés défendant les intérêts de celui qui les a nommés, mais n'ayant aucun caractère pour se faire payer des honoraires par la partie qui ne les occupe pas. Dans toutes les affaires, un mandataire, s'il lui est dû un salaire, ne peut l'exiger que de son mandant.

Eh bien! croira-t-on que, malgré la prescription de la loi, il s'est trouvé des tribunaux de commerce qui ont condamné Charrier à payer les honoraires du défenseur de sa partie adverse? Que les tribunaux de commerce, dans l'intérêt de l'instruction et de la bonne conduite des affaires, permettent aux plaideurs de se faire défendre par des hommes experts dans les matières commerciales, qu'on nomme *agréés*, ce n'est pas nous qui nous en plaindrons ; mais ce que nous voulons, c'est que celui qui occupe un homme de ses affaires paie cet homme utile à ses intérêts et ne le fasse pas payer par les autres. Ce procédé est injuste et illégal.

Cela est tellement vrai qu'après avoir été condamné à payer sept francs cinquante centimes à l'avocat de sa partie adverse, Charrier ayant pétitionné, M. le garde des sceaux, ministre de la justice, n'a pas tardé à rendre une décision ministérielle (mois d'août 1844) par laquelle il est enjoint aux présidents des tribunaux de commerce de ne plus allouer d'honoraires aux agréés. M. le ministre n'a fait, par cette décision, que consacrer le principe des articles 414 du Code de procédure civile et 627 du Code de commerce.

Ainsi, quand vous occuperez un agréé, payez-le, mais refusez-vous toujours à payer celui de votre adversaire, car vous ne lui devez rien et vous ne trouverez plus de juge qui puisse vous y contraindre.

AVOUÉS.

Taxe des frais.

De tous les temps on s'est plaint de la propension de MM. les avoués à exagérer les droits qui leur sont dus ; c'est ce qu'on appelle, en termes de bazoche, enfler le mémoire. Eh bien ! il ne faut pas se borner à une plainte stérile, il faut attaquer l'abus et se faire rendre justice.

Mais nous avons dit qu'il existe dans le corps de nos lois un tarif des frais en matière civile et en matière criminelle ; ce tarif est la sauvegarde du malheureux plaideur ; il faut constamment y ramener MM. les avoués tout aussi bien que les huissiers, pour peu que leurs états de frais ressemblent *aux parties de ce brave M. Fleurant*, l'apothicaire de Molière.

Mais comme ce n'est pas à vous à étudier le tarif et à faire le compte de votre huissier ou de votre avoué, la loi y a pourvu dans votre intérêt, car la loi ne veut pas que vous soyez volé.

Dans chaque tribunal civil il y a un juge taxateur. Lors donc que votre huissier ou votre avoué vous présentera un état de frais que vous aurez quelque raison de croire enflé, au lieu de payer, dites que vous demandez la taxe, et si on vous la refuse, portez l'état à M. le président du tribunal, qui taxera, c'est-à-dire réduira le montant des frais conformément au tarif, ou vous renverra, pour ce faire, devant M. le juge taxateur. De cette manière, vous êtes sûr de ne payer que ce que vous devez rigoureusement, car la justice n'aime pas les comptes d'apothicaire.

CONCLUSION.

Du texte des lois citées le lecteur, pour peu d'intelligence que la nature lui ait départie, a déjà tiré, sans doute, les conséquences ci-après, conséquences forcées et qui découlent de source :

1º Que le jour de l'échéance appartient tout entier au débiteur jusqu'à minuit ;

2º Que le lendemain le porteur d'ordre doit de nouveau se présenter au domicile pour recevoir les fonds ou le dire du débiteur ;

3° Qu'alors seulement, et en cas de refus de paiement, l'effet doit être remis au protêt ;

4° Qu'encore, si, en se présentant, l'huissier est payé du montant de l'effet, il doit le recevoir, et ne peut protester, ni par conséquent rien exiger pour droit de course ou commencement de frais.

Et vous pensez, les choses étant ainsi, que notaires et huissiers, se renfermant dans les limites infranchissables de la légalité, se retireront avec les deniers offerts, sans vous faire sentir un peu la pesanteur de leur main ? Allons donc ! N'est-il pas avec la loi, comme avec le ciel, des accommodements? Ces messieurs y regardent-ils de si près et vont-ils s'arrêter pour semblable vétille? La légalité ! mais elle tue, on vous l'a dit. Et puis les charges coûtent si cher!... il faut bien qu'elles rapportent quelque chose.

On aura eu soin, en venant chez vous, de barbouiller un peu de papier timbré; si vous refusez de payer la course, il y a le commencement de frais, et si vous raisonnez sur le commencement de frais, on pourra bien protester quand même. Vos deniers sont là devant l'officier ministériel qui les a comptés et palpés, c'est vrai; mais qu'importe? En vous demandant une course ou un commencement de frais, votre offre devient insuffisante, et en avant le protêt! Trop heureux si en pareil cas vous ne vous laissez pas aller aux injures et aux menaces, car alors le protêt serait accompagné d'un bel et bon procès-verbal de rébellion.

Et je vous vois d'ici, pauvre débiteur timoré et honteux, tomber dans le panneau et payer course, commencement de frais, protêt imparfait, tout ce qu'on exigera de vous, pour avoir votre effet acquitté et la paix avec MM. les officiers ministériels.

Et je vous dis, moi, que lorsqu'un huissier vous présentera un effet et que vous aurez les fonds, vous devez exiger qu'il les reçoive et vous rende l'effet acquitté. S'il s'y refuse, faites l'offre en présence de témoins ; surtout ne payez rien à l'huissier : ni course, car ce n'est pas pour vous qu'il a couru ; ni commencement de frais, parce qu'il n'a pas pu en faire avant de vous présenter votre billet et d'avoir pris votre refus ; ni protêt imparfait, parce que l'ouvrage imparfait ne se paie pas ; ni protêt parfait, parce que dans ce cas le protêt est un mensonge, à moins que l'huissier ne dise dans son acte qu'il proteste de votre offre de payer l'effet et du refus de sa part d'en recevoir le montant. Si après votre offre et vos explications, toujours en présence de témoins, l'huissier persiste à protester, laissez-le faire ; mais ayez soin qu'il insère dans votre dire que lorsqu'on vous a présenté votre billet vous avez offert, comme vous offrez encore, d'en acquitter le montant intégral ; que vous vous refusez à payer le droit de course ou commencement de frais, attendu qu'il est arbitraire et illégal, l'effet étant payable à votre domicile ; que vous rendez l'officier ministériel responsable de tout ce qui pourrait résulter de son refus, et, sous toutes dues protestations, signez, si vous le pouvez, à l'original et à la copie.

Et souvenez-vous bien que jamais semblables frais ne retomberont sur vous, et que probablement l'huissier se retirera

Penaud comme un renard qu'une poule aurait pris,

pour nous servir des expressions de l'honorable huissier de la grande banlieue, vous laissant votre traite acquittée, et emportant votre somme sans accompagnement obligé de course, commencement de frais, etc. Mais, pour Dieu ! gardez bien votre calme et votre sang-froid, ne vous abandonnez ni aux injures, ni aux menaces, ni aux voies de fait, car alors vous mettriez le tort de votre côté.

Mais il pourrait se faire que, malgré vos protestations, l'huissier persistât à réclamer un droit de course, ou un commencement de frais, ou le coût d'un protêt imparfait ; dans ce cas, vous avez deux moyens d'en finir avec lui.

Premier moyen. —Payez la somme réclamée, sauf à vous en faire donner une quittance dans laquelle il sera dit pour quel objet vous payez et expliqué que vous ne payez que comme contraint (vos témoins devront toujours être présents pour attester le fait au besoin) ; puis, que l'huissier vous donne ou non la quittance, citez-le devant le juge de paix en restitution d'un droit indûment perçu. Il y a à parier cent contre un que le juge de paix condamnera l'huissier. S'il ne le fait, appelez en cassation de ce jugement, et ne craignez pas de succomber : vous ne le pouvez; et votre démarche n'aura pas servi à votre intérêt seulement, mais à l'intérêt de tous, en faisant consacrer le principe par une décision suprême.

Second moyen. — Faites consigner votre protestation dans l'acte de l'huissier; dénoncez le fait par une plainte au procureur du roi, dans laquelle vous déclarerez vous porter partie civile; déposez vingt-cinq francs au parquet ou au greffe, et faites assigner l'huissier en police correctionnelle; on vous rendra raison bien certainement.

Nous savons bien que, dans le premier comme dans le second cas, vous pouvez être réduit à l'extrémité d'un recours en cassation ; nous savons bien que pour plaider en cassation il faut consigner une amende de 500 fr.; mais vous ne reculerez pas devant la poursuite d'un principe, quand UNE SOUSCRIPTION aura fourni les fonds nécessaires pour faire face à l'amende et aux frais.

Or cette SOUSCRIPTION va être incessamment organisée d'une manière régulière. En attendant qu'elle le soit, que les citoyens qui veulent comme nous le triomphe de la légalité et l'extirpation des abus nous envoient leurs adhésions par écrit. Dès que les besoins se feront sentir, on leur en justifiera, et alors seulement ils verseront le montant de leur souscription.

RÉSUMÉ.

Maintenant, résumons en codification les principes contenus dans cet écrit :

I.

Si un huissier vous refuse son ministère, hors le cas de parenté, dénoncez-le au procureur du roi.

II.

Si un individu se présente chez vous porteur d'une copie d'exploit, exigez qu'il justifie de sa qualité d'huissier par l'exhibition de sa commission, et au besoin par le port du petit manteau, insigne de sa profession.

Si le porteur est un commissionnaire, un clerc ou un recors, retenez-le jusqu'à ce que vous ayez fait constater le fait par des témoins ; puis dénoncez au procureur du roi.

III.

Si le lendemain de l'échéance quelqu'un vous présente votre effet, exigez que cet effet soit passé à l'ordre du porteur, ou que ce porteur soit un huissier ou un notaire (en personne) accompagné de ses témoins.

Si vous pouvez payer la somme, que l'huissier ou le notaire la reçoive et vous rende votre effet acquitté.

IV.

Ne payez jamais rien à l'huissier ou au

notaire, ni pour course, ni pour commencement de frais, ni pour protêt imparfait,
car vous ne devez rien, à moins qu'il n'y
ait *protêt faute de paiement.*

V.

Au cas de persistance de l'officier ministériel à réclamer un salaire quelconque,
renfermez-vous dans les moyens que nous
avons indiqués plus haut.

VI.

Lorsque vous plaiderez au tribunal de
commerce, prenez, si vous voulez, un défenseur agréé ou non agréé, et payez-le ;
mais ne payez jamais le défenseur de votre
adversaire.

VII.

Lorsque vous plaidez devant les cours
ou tribunaux civils, si votre avoué ou celui
de votre adversaire vous présente un état

de frais que vous croyiez exagéré, faites-le taxer par le président du tribunal ou de la cour.

Suivez donc, vous tous qui nous lisez, les avis contenus en ce petit volume, et vous verrez que, grâce à votre concours, nous ne tarderons pas à arriver au but que nous poursuivons et que doivent se proposer tous les gens de bien :

LE TRIOMPHE DE LA LÉGALITÉ

ET L'EXTINCTION DES ABUS.

Pour paraître au premier jour

PHYSIOLOGIE

DE

L'Huissier, du Clerc d'huissier, du Praticien et du Recors.

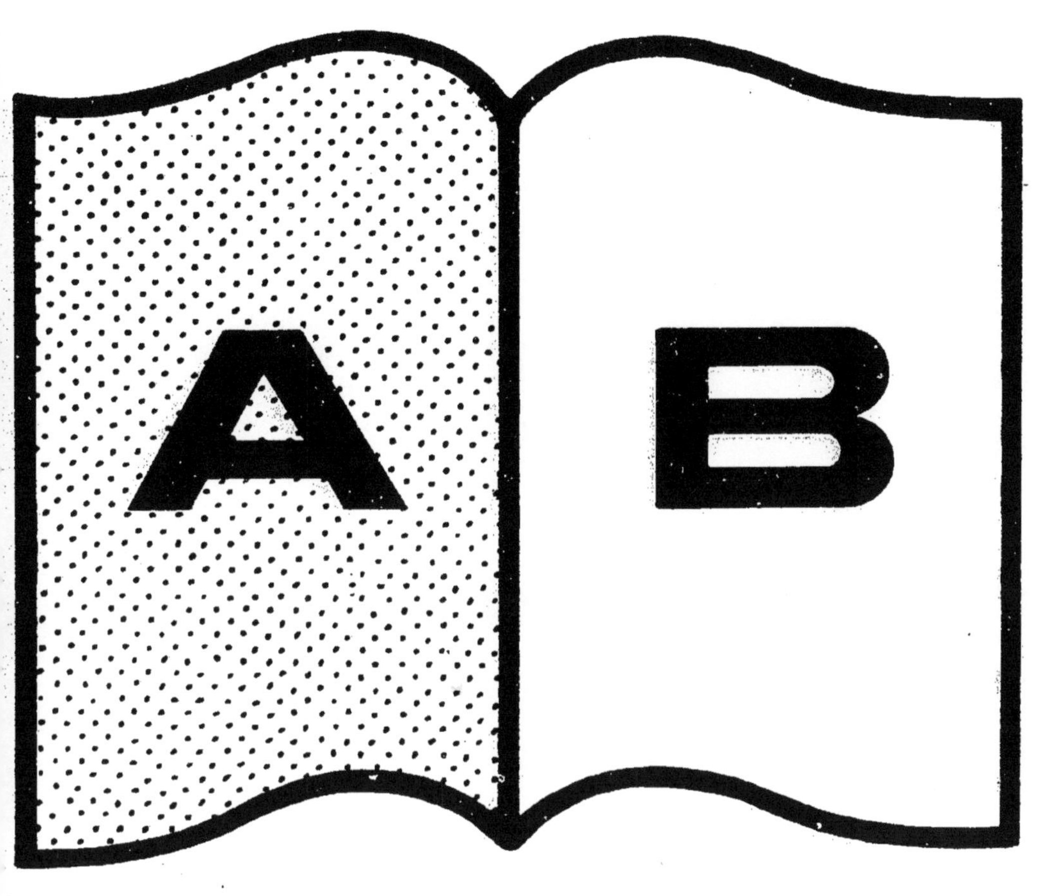

Contraste insuffisant

NF Z 43-120-14

www.ingramcontent.com/pod-product-compliance
Ingram Content Group UK Ltd.
Pitfield, Milton Keynes, MK11 3LW, UK
UKHW020211130726
13696UKWH00002B/858